AF321725

SACRE DU ROI.

SACRE DU ROI.

DÉTAIL GÉNÉRAL
DES FÊTES ET CÉRÉMONIES

QUI AURONT LIEU A REIMS A CETTE OCCASION,

PRÉCÉDÉ

DE REMARQUES SUR LE SACRE DES ROIS,

AVEC DES NOTES SUR L'ORIGINE DE LA SAINTE AMPOULE, ET SA CONSERVATION JUSQU'A NOS JOURS;

PAR UN RÉMOIS.

A PARIS,

Chez { L'ÉDITEUR, rue de la Tixéranderie, n° 63;
{ tous les Marchands de nouveautés.

1825.

IMPRIMERIE DE J.-L. BELLEMAIN,
rue St.-Denis n° 268.

NOTIONS PRÉLIMINAIRES

SUR LES SACRES.

Il nous a paru convenable, avant d'entrer dans le détail des fêtes et cérémonies du Sacre de notre bien-aimé Monarque Charles X, de donner une idée générale du sacre et couronnement des Rois de France, ses augustes prédécesseurs.

An 497. Clovis, cinquième Roi des Francs depuis Pharamond, est le premier qui soit venu au pied des saints autels recevoir des mains d'un pontife une couronne qu'il tenait déjà par sa naissance, et jurer de gouverner ses peuples selon les règles de la justice. Ce grand prince était païen, et résistait depuis long-temps aux pressantes sollicitations de la vertueuse Clotilde son épouse, qui l'engageait à renoncer, pour le vrai Dieu, au vain culte des idoles. Mais la Providence, qui avait marqué le moment de sa conversion, l'attendait dans les plaines de Tolbiac, pour vaincre ses résistances. Poussé vivement par les Allemands qui l'environnent de toutes parts, et sur le point d'être mis en déroute, il fait vœu d'embrasser la Religion chrétienne, si le Dieu de Clotilde lui donne la victoire. Au même instant ses troupes, demi-vaincues, reprennent courage, pressent les ennemis à leur tour, les enfoncent, les poursuivent avec ardeur, et remportent sur eux : la victoire la plus complète.

Le Roi triomphant fut fidèle à sa promesse, et vint à Reims se jeter aux pieds de saint Remi, pour lui demander le baptême et la consécration. Le saint donna à cette auguste cérémonie une pompe capable d'inspirer au Prince une haute idée de nos sacrés Mystères ; et après lui avoir fait jurer de brûler ce qu'il avait adoré jusque-là, et d'adorer ce qu'il avait brûlé, il le baptisa et le sacra Roi des Français, en présence de la Reine Clotilde et d'une partie de son armée. Une des sœurs du Roi, qui était arienne, se convertit, et trois mille de ses soldats reçurent le baptême le

même jour. On rapporte (1) que l'huile nécessaire à la consécration ne se trouvant point,

---

(1) L'origine céleste de la Sainte-Ampoule a été
attaquée et défendue avec chaleur ; le célèbre Pluche,
et Jean Chifflet dans son ouvrage de *Ampullâ Re-
mensi*, regardent ce miracle comme une fable. An-
quétil, dans son *Histoire de Reims*, évite avec soin
de traiter cette question délicate. Cependant des écri-
vains estimés, savoir : Dom Marlot Dorigny, dans
sa *Vie de saint Remi*, et le savant abbé de Vertot, ont
réfuté victorieusement leurs adversaires, en leur prou-
vant que ce miracle, reçu généralement par les anciens, n'a été nié que par les hérétiques du seizième
siècle.

Hincmar, qui vivait 300 ans après ce fait, est, à
la vérité, le premier qui en parle ; mais aussi il est
impossible de croire que ce prélat ait eu la témérité
et l'imprudence d'en imposer sans que personne ré-
clamât, quand, sur le point de sacrer Charles-le-
Chauve dans la ville de Metz, en présence des évêques
et seigneurs français, il déclara que ce prince descen-
dait de Clovis, ce roi fameux converti avec toute sa
nation, baptisé par saint Remi, et sacré d'une huile
sainte envoyée du Ciel telle que nous l'avons aujour-
d'hui : *Cœlitus sumpto chrismate, undè adhuc habe-
mus peruncti, et in regem sacrati.*

une colombe apporta un baume céleste, renfermé dans une petite fiole (1), que l'on conserve encore aujourd'hui (2).

---

(1) La Sainte-Ampoule était une petite fiole de cristal de dix-huit lignes de hauteur, remplie aux deux tiers d'un baume brun foncé, congelé à ses parois ; elle était enchâssée dans une large rose de vermeil richement ornée ; le couvercle était de cristal, et laissait voir la relique placée dans le dos d'une colombe d'or ; il y avait à côté une aiguille aussi d'or, avec laquelle on détachait du baume qu'on mettait avec le Saint-Chrême au moment de la cérémonie du sacre. L'abbé de Saint-Remi, ou le grand-prieur à sa place, avait seul le droit de porter la Sainte-Ampoule le jour du sacre. Voici l'ordre que l'on suivait :

L'abbé, ayant suspendu la sainte relique à son cou, montait sur un cheval blanc, dit *haquenée*, et venait sous un dais magnifique, accompagné des chevaliers de la Sainte-Ampoule et d'un grand nombre de seigneurs, jusqu'au pied du grand autel, où il remettait la fiole entre les mains de l'archevêque, en lui faisant prêter serment de la lui remettre après la cérémonie.

(2) La Sainte-Ampoule, échappée au pillage des Normands et à l'incendie de 1774, se conservait encore soigneusement dans le tombeau de saint Remi

On n'a rien de bien positif sur le sacre des autres Rois de la première race ; cependant il

en 1793, quand les ennemis du trône et de l'autel, voulant anéantir tout ce qui leur rappelait la royauté, la Convention députa à Reims Ruhl, digne ministre de ses sinistres projets, et le chargea de détruire la Sainte-Ampoule. Le fougueux proconsul arrivé à Reims, convoque le conseil de ville, et ordonne que le lendemain la relique lui sera livrée pour être brisée sur la place de la Nation devant le peuple assemblé. Le lendemain fut un jour de deuil ; les magistrats, trop faibles contre les régicides, remirent la Sainte-Ampoule entre les mains de Ruhl, qui la brisa sur le piédestal de la statue de Louis XV, et la fit voler en éclats.

Les Rémois crurent avoir perdu pour jamais leur précieuse relique ; et quand la divine Providence ramena le petit-fils d'Henri-le-Grand sur le trône de ses pères, rien n'égala leur douleur de se voir privés pour toujours de l'honneur de recevoir dans leurs murs le souverain légitime, quand, par une espèce de miracle, on apprit que le curé de Saint-Remi et plusieurs autres personnes avaient entre leurs mains des parcelles soustraites de la Sainte-Ampoule, avant qu'elle fût livrée à l'agent de la Convention. Par les soins de Mgr. de Coucy, alors archévêque de Reims, ces est très vraisemblable que la plupart furent sacrés à Reims.

Parmi les Rois de la seconde race, dite des Carlovingiens, cinq furent sacrés et couronnés à Reims. Pépin, fils de Charles-Martel, le premier de cette race, après avoir ôté des mains du faible Childéric les rênes de l'Etat, qu'il ne pouvait plus soutenir, et s'être fait reconnaître Roi par les grands du royaume, vint dans la ville du sacre où le Pape Etienne III le couronna pour la seconde fois. Après lui, Louis-le-Débonnaire, Charles-le-Simple, Lothaire et Louis V, vinrent aussi se faire sacrer dans la ville de Reims.

Nous trouvons dans la troisième race, qui succéda aux Carlovingiens, vingt-neuf Rois qui furent sacrés à Reims, sur trente-cinq qui montèrent sur le trône (1).

---

précieuses parcelles furent réunies et replacées dans le tombeau de saint Remi, avec les procès-verbaux constatant leur authenticité.

(1) Tous les rois de France auraient été sacrés à Reims, sans différentes circonstances, qui s'y oppo-sèrent. Hugues fut sacré à Orléans, à cause que le voi-

987. Hugues Capet, le chef de cette auguste dynastie qui, depuis plus de huit siècles, occupe si dignement le plus beau trône de l'univers; qui a donné trente-cinq Rois à la France, et des Souverains à presque toute l'Europe, et qui compte, dans sa noble succession, des saints, des héros et des martyrs.

---

sinage de Laon, dont le duc de Lorraine, son ennemi, était maître, aurait pu occasioner du trouble si la cérémonie se fût faite à Reims.

Louis VI alla de même faire son sacre à Orléans, parce que l'église de Reims était alors en interdit.

Jean I mourut peu de temps après sa naissance.

Le bon Henri IV se fit sacrer à Chartres. Reims tenait encore pour la Ligue, et le roi avait intérêt à se faire couronner au plus tôt.

Le jeune Louis XVII, victime, comme ses infortunés parens, des malheurs de la révolution, disparut dans le fort de la tempête.

Enfin le sauveur, le restaurateur de la patrie, Louis XVIII, s'il ne se fit pas sacrer, on ne doit l'attribuer, comme nous le dirons, qu'à sa prudence et au malheur des temps; car il est certain qu'il en eut le désir.

1027. Henri Ier, fils de Robert.

1059. Philippe Ier, que le Roi Henri fit sacrer et couronner en sa présence.

1131. Louis VII, que le Pape Innocent, qui tenait alors un Concile à Reims, couronna de ses propres mains, en présence du Roi Louis VI, de la Reine et de toute la Cour.

1179. Philippe-Auguste, ce héros de Bouvines, ce prince véritablement grand, qui, au moment de livrer bataille aux Anglais et aux Allemands coalisés, déposa sa couronne sur l'autel où l'on venait d'immoler l'Agneau sans tache, et se tournant vers ses soldats, « Français, leur dit-il, s'il est quelqu'un parmi vous que vous jugiez plus digne que moi de porter ce diadème, je suis prêt à le lui céder. »

Ce fut à ce sacre que l'on fixa l'ordre que l'on suivrait dans la suite, et que l'on assigna aux Pairs la place qu'ils devaient y occuper. Henri II, Duc de Normandie, et déjà couronné Roi d'Angleterre, y vint comme vassal du Roi de France, et porta la couronne durant la cérémonie. On dit aussi que ce fut alors que l'on arrêta définitivement que les Archevêques de Reims avaient seuls le droit de sacrer les Rois, comme successeurs de saint Remi.

1223. Louis VIII, ce prince pieux et brave, si digne d'être le père d'un Saint.

1226. Louis IX, fameux par les journées de Taillebourg et de Saintes, mais encore plus fameux par sa tendre piété, cette bonté, cette popularité rare qui lui faisait juger les différends de ses sujets sous les arbres de Vincennes ; sa résignation, sa grandeur d'âme dans les fers, et enfin par sa mort prématurée sous les murs de Tunis, qu'il assiégeait.

1271. Philippe-le-Hardi.

1286. Pilippe-le-Bel.

1315. Louis X.

1321. Philippe-le-Long.

1321. Charles IV.

1328. Philippe de Valois, si brave et si malheureux tout ensemble.

1350. Jean 1er, dont les disgrâces mirent la France à deux doigts de sa ruine. Le sacre de ce prince fut de la plus grande magnificence.

C'est la première fois qu'on y vit la Sainte-
Ampoule escortée d'arbalétriers d'un village
appelé le Chêne-le-Pouilleux ou le Populeux,
et qui prétendirent depuis avoir le droit d'as-
sister aux sacres, et d'enlever la haquenée
blanche que montait l'abbé de Saint-Remi (1).
Il est à remarquer que c'est sous le règne de
Jean II, et durant sa captivité à Londres,
qu'Edouard, roi d'Angleterre, qui prétendait
à la couronne de France, vint avec une armée
de cent mille hommes et une nombreuse artillerie, mettre le siége devant Reims, dans le
dessein de s'y faire sacrer. Mais la bonne con-

______

(1) Les habitans du Chêne, qui venaient en armes
pour accompagner la Sainte-Ampoule à la cérémonie
du sacre, soutenaient qu'ils avaient ce privilége pour
avoir repris aux Anglais la relique qu'ils enlevaient,
quand Charles VII vint se faire sacrer à Reims.

Mais l'absurdité est palpable, puisqu'il est certain,
premièrement, qu'ils vinrent au sacre du roi Jean I,
qui se fit long-temps avant celui de Charles VII; et
qu'en second lieu, il est indubitable qu'ils étaient
jadis vassaux de l'abbaye de Saint-Remi, et que c'est
à ce seul titre qu'ils furent appelés aux premiers sacres.
Leur nombre varia de 20 à 300.

tenance des habitans , et les pertes qu'ils firent essuyer aux assiégeans dans de vigou- reuses sorties , contraignirent le monarque an- glais de renoncer à son entreprise, et sauvè- rent le royaume. C'est ce que prouve la lettre que le Dauphin écrivit aux Rémois pour les remercier de leur fidélité, et dans laquelle il les propose pour exemple à la France en- tière (1).

1364. Charles V , dit le Sage , qui sut par sa prudence et la rare valeur du brave et loyal Du- guesclin, son connétable, cicatriser les plaies que l'Angleterre avait faites à la France sous les règnes précédens, laver par de glorieuses conquêtes la honte des désastreuses journées de Crécy , de Poitiers , d'Azincourt, enfin qui fit goûter à ses sujets un bonheur et une tran- quillité qu'ils ne connaissaient plus depuis long-temps.

1380. Charles VI. Deux monarques assis- tèrent à ce sacre, Venceslas , empereur d'Alle- magne , avec toute sa noblesse , et le roi de Navarre.

___

(1) Voyez Anquetil, *Histoire de Reims.*

1429. Charles VII, le victorieux. Jamais règne ne fut marqué par tant de merveilles. Le roi, pressé par les Anglais, chassé de sa capitale, voit chaque jour tomber ses meilleures places au pouvoir de l'ennemi. Orléans seule résiste. Orléans est le dernier espoir du Monarque français, et c'en est fait de la monarchie si la ville succombe. Mais c'est en vain que la valeur s'oppose au nombre ; en vain le vaillant Dunois, les braves capitaines Lahire et Zaintrailles cherchent à la sauver ; elle allait céder à sa mauvaise fortune et subir le joug du vainqueur, quand le Ciel, par un de ces coups extraordinaires dont il est peu d'exemples dans l'histoire, délivre Orléans et la France. Une jeune fille, simple, modeste, sans nom et sans fortune, mais joignant aux vertus de son sexe une grandeur d'ame et un courage à toute épreuve, Jeanne d'Arc, née aux environs de Vaucouleurs, se dit inspirée pour faire lever le siége d'Orléans et sacrer le roi à Reims. Sa mission a quelque chose de divin. Arrivée à Chinau, où Charles s'était retiré, elle le découvre au milieu de ses courtisans, et lui adressant la parole, « Gentil Dauphin, lui dit-elle ;

» j'ai nom Jeanne la Pucelle ; le Roi du ciel
» m'a envoyé pour vous secourir ; s'il vous
» plaît me donner gens de guerre, par grâce
» divine et force d'armes, je ferai lever le
» siége d'Orléans, et vous mènerai sacrer à
» Reims, malgré vos ennemis. »

Le roi croit découvrir dans cette fille extraordinaire quelque chose de mystérieux qui ranime sa confiance, et il lui donne sans hésiter la conduite d'une partie de sa petite armée. Aussitôt les affaires changent de face ; des prodiges s'opèrent ; après quelques attaques, Orléans est délivrée. Les Anglais étonnés sont battus en plusieurs rencontres et poursuivis sans relâche. Le duc de Belfort, honteux de fuir devant une femme, réunit toutes ses forces. L'héroïne lui présente la bataille, et le défait complétement à la sanglante journée de Patay. Le premier objet de sa mission rempli, elle presse le Roi de venir à Reims recevoir l'onction royale, fait traverser au prince quatre-vingts lieues de pays occupées par l'ennemi, qu'elle chasse devant elle, et arrive enfin dans la ville du sacre. Le lendemain, Charles fut couronné ; et durant l'auguste cérémonie, Jeanne se tint auprès de la personne du Roi, en habits de guerre et son étendard à la main. Dans la suite, les Anglais ayant pris Jeanne d'Arc au siége de Compiègne, eurent la lâche barbarie de livrer aux flammes cette courageuse héroïne, dont tout le crime était d'avoir combattu pour son souverain légitime, et délivré sa patrie du joug de ses plus mortels ennemis.

1461. Louis XI. Le sacre de ce prince est un de ceux qui se firent avec le plus de magnificence. Le roi y institua l'ordre de Saint-Michel; et c'est à sa générosité que l'on doit les superbes fleurs de lis qui décoraient le faîte de la métropole avant les malheurs de la révolution.

1484. Charles VIII.

1498. Louis XII, le bon roi, le père du peuple.

François Ier, le restaurateur des lettres, prince brave et généreux, aussi grand dans les revers que dans la bonne fortune, et qui, après le désastre de Pavie, estimait n'avoir rien perdu, puisque l'honneur lui restait.

1547. Henri II.

,1559. François II.

1561. Charles IX.

1575. Henri III. On remarque qu'à ce sacre le Roi ne put jamais garder la couronne sur sa tête, et qu'elle tomba deux fois, ce qui fut pris pour un mauvais augure. Le lendemain de son sacre, le Roi épousa Louise de Lorraine.

1610. Louis XIII.

1654. Louis XIV, qui mérita à tant de titres le nom de Grand, et qui, par le règne le plus long et le plus glorieux de la monarchie, rendit à la France sa supériorité sur les autres peuples de l'Europe.

Louis XV.

1775. Louis XVI, prince vertueux, aimant passionnément ses sujets, doué d'une âme bonne et sensible; trop franc, trop généreux pour des temps si mauvais; Roi martyr de son amour pour ses peuples, et qui emporta avec lui dans la tombe la paix et le bonheur. Le sacre de cet infortuné Monarque fut magnifique, et ne lui présageait rien moins que des jours si orageux. Le lendemain du sacre, Sa Majesté alla entendre la messe à Saint-Nicaise. Elle voulut aussi poser la première pierre du nouveau collége. Le surlendemain eut lieu la fameuse cavalcade où brillèrent particulièrement MM. les comtes de Provence et d'Artois, Louis XVIII et Charles X notre bien-aimé Souverain.

L'impiété, au jour de son triomphe, avait pensé, dans le délire de son imagination, qu'après la mort du Roi martyr, c'en était fait de la dynastie des Bourbons. La chaîne des sacres semblait interrompue pour jamais, et sans doute si des méchans et des étrangers fussent restés sur le trône, la ville royale serait restée dans l'oubli. Mais le Dieu qui, quand il lui plaît, abaisse et élève les empires, a jeté un regard de pitié sur la France, assez châtiée par vingt-cinq années de malheurs. Il a pris par la main cette famille adorée, échappée à la tempête, et l'a replacée sur le trône de ses pères. Louis-le-Désiré, que les Français depuis si long-temps appelaient de leurs vœux, a cicatrisé leurs plaies, a séché leurs larmes, et leur a rendu le bonheur! Si ce Prince n'est pas venu dans la ville du sacre recevoir l'onction sainte, on ne doit l'attribuer qu'aux sages tempéramens qu'il eut à garder.

Mais bientôt Reims, cette ville toute fière de son ancienne origine, favorisée par les Césars, et honorée de la présence de Charlemagne et de Louis-le-Grand, verra naître son plus beau jour. Bientôt elle va recevoir dans ses murs le successeur de tant de Monarques fameux, ce Prince auguste salué à son avénement au trône du nom de *Bien-Aimé*. Elle a repris sa première splendeur. Déjà, pour recevoir le Monarque adoré, les portiques s'élèvent, les temples s'embellissent; les Rémois, toujours si fidèles, si attachés à leurs Rois, se livrent à l'allégresse dans la certitude de voir bientôt ce Prince, l'amour et l'idole de la France, ce Prince qui ne connaît d'autre bonheur que celui de ses peuples. Encore un moment d'attente, et ce Roi, preux comme Saint-Louis, brave comme François Ier et bon comme Henri IV, viendra dans cette superbe basilique, riche de tant de glorieux souvenirs; et là, comme il le dit lui-même, prosterné au pied du même autel où Clovis reçut l'onction sainte, et en présence de celui qui juge les peuples et les Rois, il renouvellera le serment de maintenir et de faire observer les lois

de l'Etat, et les institutions octroyées par le
Roi son frère ; il remerciera la divine Providence qui a daigné se servir de lui pour ré-
parer les derniers malheurs de son peuple, et
le conjurera de continuer à protéger cette
belle France, qu'il est si fier de gouverner (1).

---

(1) Discours du Roi à l'ouverture de la session de
1819. [illegible]

SACRE DE CHARLES X.

Départ et Voyage du Roi.

Le Roi partira de Saint-Cloud le 27 mai, pour se rendre à Fismes, petite ville située à six lieues de Reims, et à l'extrême frontière du département de la Marne. A peu de distance de la ville est élevé l'arc de triomphe de ce département. Cet arc est decoré de statues représentant l'Agriculture et l'Industrie, et surmonté des armes du Roi, supportées par la France et la Religion. Sur la table de l'attique, on lit cette inscription :

A CHARLES X,

Le Département de la Marne.

C'est sur ce point que se trouveront réunies les autorités départementales, civiles et militaires, ainsi qu'un détachement de Garde nationale à cheval de chaque arrondissement.

Sa Majesté fera ensuite son entrée à Fismes, où elle couchera.

« La ville de Fismes jouit, depuis plusieurs siècles, du privilége de loger nos Rois, la veille de leur sacre, et ce sera la maison de M. Le Grez qui servira de palais à Sa Majesté.

Le 28 mai au matin, le Roi, après avoir entendu la Messe, reçoit les autorités de la ville.

Le cortège de Sa Majesté commence à se former près de Fismes, et des détachemens de la Garde nationale à cheval, réunis à la Garde royale, forment son escorte.

Le Roi partira à dix heures, pour se rendre à Tinqueux, petit village sur la Vesle, à trois quarts de lieue de Reims, et à quatre cents mètres de la route royale.

Une salve d'artillerie annoncera l'arrivée de Sa Majesté à Tinqueux.

Le Roi, devant rester une heure à Tinqueux, pour s'y reposer dans la maison du Séminaire, qui a été disposée d'une manière convenable pour le recevoir, cet espace de temps sera employé à la formation définitive du cortège de Sa Majesté. Monseigneur le Duc d'Orléans et Monseigneur le Duc d Bourbon s'y rendront de Reims.

C'est à l'embranchement du chemin de Tinqueux avec la route royale que se trouve l'arc de triomphe de l'arrondissement de Reims. Près de cet arc, les autorités civiles et militaires de l'arrondissement de Reims, les cent quatre-vingts Maires des communes rurales de l'arrondissement, ayant à leur tête M. de Gestas, Sous-Préfet de Reims, attendront Sa Majesté, pour lui présenter les hommages de l'arrondissement de Reims. La Garde nationale à cheval des arrondissemens d'Epernai, Châlons, Vitry-le-Français et Sainte-Ménéhould, réunie à celle de Reims, attendront également Sa Majesté en cet endroit. Ces superbes escadrons, qui se font remarquer tant par leur belle tenue que par la précision de leurs manœuvres, occuperont le poste d'honneur concurremment avec les Gardes-du-Corps.

L'arc de triomphe de l'arrondissement de Reims est de la plus grande dimension ; il est d'architecture gothique. Sa décoration et ses emblèmes rappellent le sacre du premier Roi chrétien ; il porte pour inscription :

A CHARLES X,

L'arrondissement de Rheims.

A partir de ce point, et à distances égales, sont placés quatre arcs de triomphe en feuillages. Ils ont pour inscription les noms des quatre arrondissemens du département, Epernay, Châlons, Vitry-le-Français et Sainte-Ménéhould. Celui d'Epernay se trouve à six cent cinquante mètres de l'embranchement de la route de Tinqueux ; l'arc de l'arrondissement de Châlons est près du pont de Muire ; sur la montagne Sainte-Geneviève est l'arc de triomphe de Vitry-le-Français, et celui de Sainte-Ménéhould est près de la barrière du faubourg Saint-Eloi. A chacun de ces arcs de triomphe le Sous-Préfet, les Maires et un détachement de la Garde nationale à cheval, attendront le Roi à son passage.

Des salves d'artillerie annonceront l'entrée du Roi sur le territoire de Reims.

Depuis le chemin de Tinqueux, jusqu'aux portes de Reims, les cent quatre-vingts communes de l'arrondissement seront rangées à droite et à gauche de la route. Leurs places seront désignées par des écussons qui porteront le nom de chaque mairie. Des pins d'E-cosse porteront des étoffes suspendues en guirlandes. De jeunes personnes, vêtues de blanc, soutiendront l'écharpe, et la présenteront au Roi.

La grille de la porte de Vesle, par laquelle Sa Majesté doit faire son entrée à Reims, sera richement décorée. C'est là que le Maire doit présenter les clefs. A partir de cette grille, qui a été donnée à la ville par Louis XV, lors de son sacre, on a disposé, à droite et à gauche, de grands ceps de douze pieds de hauteur, réunis par des guirlandes de fleurs, et surmontés alternativement d'un bouquet de lis et d'une oriflamme fleurdelisée. Cette décoration élégante, qui marquera l'alignement réservé au cortège, et qui bordera les rues de Vesle, de la Porte-aux-Férons, de la Poissonnerie, jusqu'au parvis, permettra aux habitans de voir le Roi et d'en être vu.

Dans le faubourg Saint-Eloi sont élevés plusieurs amphithéâtres richement décorés. Il en est de même dans la rue de Vesle et dans les autres rues que le cortège doit parcourir.

Depuis le chemin de Tinqueux jusqu'au parvis Notre-Dame, le Roi ira au petit pas. Sa Majesté sera reçue, selon l'usage, hors des murs, par le Corps municipal, ayant à sa tête M. le Baron de Jessaint, Préfet du département de la Marne.

La présentation des clefs aura lieu ensuite. C'est à l'Archevêché que le Corps municipal sera admis à offrir au Roi les présens de la ville, qui consistent en vins et en fruits du pays.

ÉGLISE NOTRE-DAME.

La cathédrale de Reims est, sans contredit, le plus beau monument d'architecture gothique qui soit en Europe. C'est dans le treizième siècle que cette église a été reconstruite dans l'état où on la voit aujourd'hui. Des travaux immenses ont été exécutés depuis six mois, tant dans l'intérieur qu'à l'extérieur de cet édifice. Dans les deux nefs latérales, la croix et le rond-point, a été élevée une charpente de la plus grande solidité. Sur cette charpente sont établis deux rangs de tribunes dans tout le pourtour de l'église, lesquelles

-ne sont séparées les unes des autres que par les
-piliers de la grande nef sur toute la longueur
de l'édifice. A la partie saillante de chaque
pilier est adaptée une colonne d'ordre gothique, demi-engagée, qui s'élève jusqu'à la naissance des voûtes. Dans l'espace qui restait va-
cant au-dessus des deux rangs de tribunes,
entre chaque pilier, on a formé trente-sept
cadres, dans lesquels sont placés les portraits
en pied d'autant de rois de France, accompa-
gnés d'allégories, et des portraits des prélats
contemporains.

Par l'effet de ces dispositions, les deux rangs
de tribunes, et les cadres entre les ogives, se
trouvant à-plomb du nu du mur de la partie
supérieure de la grande nef, l'église semble
n'avoir plus de nefs latérales, et ne forme
plus qu'un carré-long de toute l'étendue de
l'édifice.

La voûte tout entière est bleu d'azur et par-
semée de fleurs de lis jaunes vernissées; les
ogives et les branches des voûtes sont également jaunes vernissées et rouges.

Aux angles de la croix sont, à droite, la tribune des princesses, et à gauche celle destinée

aux ambassadeurs et aux membres du corps diplomatique ; les tribunes de la croix sont réservées à MM. les pairs et à MM. les députés. Le trône, qui est de la plus grande magnificence, est élevé à la face de l'autel, et à la hauteur du quatrième pilier, à partir du portail.

Dans le rond-point est un immense amphithéâtre pour la musique du Roi.

Les travaux à l'extérieur sont aussi très-considérables.

Un porche d'une grande dimension a été élevé contre le portail et dans toute la largeur de l'église. Il est d'architecture gothique. Trente-deux colonnes, dont dix sont engagées dans les angles rentrans, soutiennent tout l'édifice. Une superbe balustrade à hauteur d'appui règne tout le long du porche. L'architecture de cette nouvelle construction est tellement en rapport avec celle de la cathédrale qu'elle semble ne plus faire qu'un corps avec cette église.

Présens faits par S. M. pour le Sacre.

Si l'intérieur et l'extérieur de la cathédrale ont été disposés avec autant de goût que de richesse, d'un autre côté les présens faits par Sa Majesté à cette église , pour la cérémonie du sacre, n'offrent pas moins de magnificence.

Ces présens consistent, 1°. en un ornement blanc, brocard, or et argent; de la fabrique de MM. Villeneuve et Mathieu, de Lyon, composé de dix chapes, six tuniques, une chasuble et les accessoires. Le dais, exécuté par M. Mallet, tapissier, étoffe de MM. Matheron et Bouvard, de Lyon, réunit une grande richesse à une rare élégance : le fonds des pentes, tissé et broché au métier, offre quatre sujets qui représentent un agneau pascal, un jéhova lumineux au milieu d'un triangle, un pélican et une adoration ; un Saint-Esprit entouré de rayons forme la pièce du fond. Parmi les belles pièces de dentelles de Couville et compagnie, on remarque l'aube et le rochet dont le consécrateur, Monseigneur l'Archevêque de Reims, doit être revêtu au sacre. On n'avait pas exécuté en dentelles de morceaux d'une telle dimension ; puisque le dessin a trente-six pouces de hauteur. Les manchettes, les rabats du Roi, des Princes, et des Officiers des cérémonies, ainsi que les robes et rochets pour les diacres et sous-diacres, ont été faits chez M. Colliau, linger du Roi.

Mlle Quinet a exécuté la chasuble du petit autel, blanche et rouge, la chape et la mître du consécrateur, qui est ornée d'une topaze du Brésil d'une grosseur extraordinaire, six pour les Evêques et douze dalmatiques. La mître de Monseigneur l'Archevêque de Reims est ornée de quatorze pierres et de perles fines. Le second ornement, or sur or, provient des ateliers de M. Didier-Petit, à Lyon. M. Choiselat, fabricant de bronze du Roi, a été chargé de la garniture du maître-hôtel, du petit autel, des deux chandeliers d'acolyte, et de ceux des deux crédences. Dans le milieu de la croix, qui a neuf pieds de hauteur, on remarque un Christ de deux pieds de haut, monté et dessiné avec une grande perfection. Les flambeaux du maître-autel, qui ont cinq pieds de haut, sont de forme antique et richement ornés. La dorure, faite au moyen d'un procédé perfectionné, imite parfaitement le vermeil. Le reliquaire, et deux plats d'offrande sont de M. Cahier. Une croix pectorale en diamans, destinée au Grand-Aumônier et une croix garnie en topazes vertes pour Monseigneur l'Archevêque de Reims, deux bagues magnifiques, l'une pour ce dernier Prélat, et l'autre pour Monseigneur l'Evêque d'Hermopolis, ont été fournies par MM. Petit-Jean et Ouigille, jouaillier-bijoutier de la chambre du Roi, qui ont aussi monté les pierreries de la mître.

M. Dallemagne, brodeur du Roi, a fourni la robe complète d'argent que Sa Majesté doit porter à son lever; le manteau royal de velours violet, parsemé de fleurs de lis d'or, et doublé en plein d'hermine; il porte quinze pieds de longueur; le manteau de Monseigneur le Dauphin, ceux de LL. AA. RR. Monseigneur le duc d'Orléans et de Monseigneur le duc de Bourbon; le grand manteau de l'ordre du Saint-Esprit, que le Roi seul a droit de porter; les cottes du roi des massiers, des hérauts d'armes, des Gardes-de-la-Manche, et des deux huissiers-massiers.

Pour ne pas laisser incomplète la description de l'intérieur de la cathédrale, il a paru nécessaire d'offrir au lecteur le tableau ci-dessous, qui fera connaître, à la simple vue, la place qu'occupent les portraits des trente-sept rois de France, dont il a été fait mention ci-dessus :

TABLEAU

indiquant la place qu'occupe chacun des portraits des 37 Rois de France dans la cathédrale de Reims.

Rond-point.

HUGUES-CAPET.

Henri I.	Philippe I.
Louis VII.	Philippe-Auguste.
Louis VIII.	St.-Louis.
Philippe III.	Charles-le-Bel.
Louis X.	Philippe-le-Long.
Philippe IV.	Philippe de Valois.

Hôtel.

Jean II.	Charles V.
Charles VI.	Charles VII.
Louis XI.	Charles VIII.
Louis XII.	François I.
François II.	Henri II.
Charles IX.	Henri III.
Louis XIII.	Louis XIV.
Louis XV.	Louis XVI.

Trône.

Henri IV.	Louis XVIII.
Pépin-le-Bref.	Charlemagne.
Dagobert.	Sigebert.
Clovis.	Childebert.

Portail

L'ARCHEVÊCHÉ.

PALAIS DU ROI.

Le palais de l'archevêché, en le comparant, dans l'état où on le voit aujourd'hui, avec ce qu'il était il y a six mois, peut donner une juste idée de l'immensité des travaux qu'il a fallu exécuter pour l'approprier à sa destination actuelle. En effet, dans une partie de ce palais étaient les tribunaux civil et de commerce; l'aile donnant sur le jardin renfermait la salle d'audience de la cour d'assises et ses accessoires; la chapelle avec le rez-de-chaussée de l'aile adjacente avaient été transformés en une prison; la gendarmerie en occupait une autre partie; la grande salle était dans un état de délabrement complet, et l'ensemble du palais n'offrait plus qu'une masse informe qui faisait craindre sa destruction prochaine. Il a fallu commencer par refaire, sans la démonter entièrement, une charpente détériorée dans plusieurs de ses parties, la récépei, et la faire reposer sur des bases nouvelles. Il fallait creuser le sol dans une longueur de cent vingt toises de développement, calculer la distribution des eaux sur un terrain inégal, combiner et établir des communications nouvelles. Le salon où doit être donné le banquet royal était irrégulier ; il présente maintenant à l'œil un plan uniforme. La cheminée gothique, ouvrage curieux, ornée des armes du cardinal Briconnet, et bâtie en 1499, a été restaurée dans le style du temps. Quatorze portraits, qui rappellent les traits des rois les plus célèbres sacrés dans la ville de Reims, ornent trois des côtés de cette salle ; voici leurs noms :

Clovis.

Hugues-Capet.

Philippe-Auguste.

Louis IX.

Philippe de Valois.

Charles V.

Charles VII.

Louis XII.

François Ier.

Louis XIII.

Louis XIV.

Louis XV.

Louis XVI.

Charles X.

La décoration des appartemens du Roi est à la fois riche et élégante ; ils sont peints en or et blanc ; les dessins sont d'une grande pu-

reté, et leur distribution est bien calculée. Ils
consistent en un salon d'attente, un grand salon, un petit salon, un grand cabinet de tra-
vail, une chambre à coucher et un cabinet de
toilette.

Au-dessus des appartemens du Roi se trouvent ceux de S. A. R. Mᵐᵉ la duchesse de
Berry. Les fenêtres des appartemens du Roi
et de ceux de la princesse donnent sur un jardin superbe, qui vient d'être créé comme par
enchantement.

Une aile latérale renferme les appartemens
de LL. AA. RR. Mgr. le Dauphin et Mᵐᵉ la
Dauphine. Tous les ameublemens fournis par
le garde-meuble de la couronne, sont du meil-
leur goût.

Dans la cour d'honneur, et attenant à la salle
royale, il a été construit un bâtiment d'une
structure élégante, dite la salle des Gardes.
A partir de cette salle jusqu'au parvis Notre-
Dame, est élevée une galerie magnifique ré-
gnant sur une ligne parallèle à la cathédrale,
et se réunissant par un angle droit au porche
qui existe devant le portail de cette église. Il
est difficile de se faire une idée de la richesse

et de l'élégance des décors qui ornent cette superbe galerie. C'est par cette galerie que le
cortége du Roi doit se rendre du palais à
l'église, pour la cérémonie, et retourner de
l'église au palais.

CAVALCADE.

Nos Rois, après leur sacre, ont coutume
d'offrir à Dieu leurs actions de grâces. C'est à
l'église de Saint-Remi que se fait cette pieuse
et auguste cérémonie. Toute la cour accom-
pagne Sa Majesté. Le trajet depuis le palais
jusqu'à l'église de Saint-Remi se fait à cheval ;
c'est pour cela que cette espèce de procession
a toujours été désignée sous le nom de cavalcade.

Saint Rémi est le patron de Reims ; la magnifique abbaye qui porte son nom a été dé-
diée en 1049 par le pape Léon IX. A l'occasion
du concile tenu la même année dans cette ville,
le corps de saint Rémi y fut transporté en
grande pompe. Les premières fondations de
cet édifice avaient été jetées vers le milieu du

10e. siècle. Ce temple est donc l'un des plus anciens de la France. Les dégradations de l'église de Saint-Remi étaient arrivées, il y a six mois, au point qu'elle compromettait la sûreté publique. Sa beauté et son antiquité auraient seules exigé sa conservation, alors même qu'elle n'aurait point été nécessaire à l'exercice du culte pour une grande partie de la ville.

Aussi, grâce à la munificence du gouvernement, des travaux considérables ont été exécutés dans l'intérieur et à l'extérieur de cette église; et on peut dire que son état actuel ne laisse rien à désirer, et que l'édifice présente autant de solidité que de magnificence.

La cavalcade aura lieu le mardi 31 mai. Le cortége partira du palais de l'archevéché, à midi, et suivra les rues ci-après :

Parvis Notre-Dame,
Sainte-Catherine,
Bourg-Saint-Denis,
Neuve,
Saint-Remi,
Aux Cailloux,
Cour Saint-Remi,
Place Saint-Remi.

Le cortège ira au pas depuis le palais de l'archevêché jusqu'à l'église de Saint-Remi.

CAMP SOUS REIMS.

A l'occasion du Sacre de Sa Majesté, un camp a été formé sous Reims. Il est assis le long du canal appelé communément la *Rivière-Neuve*, entre le château d'eau et le village de Saint-Léonard. Les troupes qui le composent sont au nombre de 10,600 hommes d'infanterie, consistant en 15 bataillons; savoir:

8 bataillons de la Garde Royale;

2 Bataillons des 8ᵉ et 17ᵉ régimens d'infan-terie légère;

4 Bataillons des 14ᵉ, 33ᵉ, 47ᵉ et 60ᵉ régimens d'infanterie de ligne;

1 Bataillon du génie;

Et de 2 Batteries d'artillerie.

Outre ces troupes, 2,000 hommes environ de cavalerie sont cantonnés dans dix-huit villages qui ne sont pas éloignés de Reims de plus de 2 lieues; la cavalerie se rendra au camp pour la revue.

M. le Maréchal duc de Raguse a le commandement de cette armée.

***

REVUE DES TROUPES.

Le Roi, en sortant de Saint-Remi, se rendra au camp, pour la revue des troupes.

Le cortége suivra la rue de Flechambaut, passera par la promenade de Flechambaut, le chemin dit *le Pré-des-Moines*, la route royale jusqu'au chemin de Vrilly, et le chemin de Vrilly qui conduit au camp. Les troupes exécuteront de grandes manœuvres, et l'armée entière défilera devant Sa Majesté.

***

PROMENADES.

BAZAR.

Le Roi, après la revue, se rendra aux promenades, et honorera de sa visite le Bazar, où sont réunis les produits de l'industrie et du sol du département. Pour aller du camp aux promenades, Sa Majesté rentrera dans Reims par la porte de Dieu-Lumière, suivra les rues de Dieu-Lumière, Halle-Saint-Remi, des

Créneaux, de la Grosse-Enclume, du Barbâtre, de l'Université, de Saint-Etienne, de la Peyrière, place Royale, rue Royale, le marché, rue de Tambour, la place de l'Hôtel-de-Ville, rue de la Grosse-Bouteille, de Mars, sortira par la porte de Mars, et suivra la grande allée des Promenades jusqu'au boulingrin, où est situé le Bazar.

Après la visite des produits du département, Sa Majesté rentrera dans la ville par la Porte-Neuve, suivra les rues de la Couture, des Tranchées, de Vesle, de la Porte-aux-Férons, de la Poissonnerie, du Parvis-Notre-Dame, et rentrera dans son palais.

EXPOSITION DES PRODUITS.

BAZAR.

Les promenades de Reims sont assez connues. Il n'est donc pas nécessaire d'en faire ici la description. C'est dans le superbe Boulingrin qui se trouve vis-à-vis la porte Neuve que M. le Maire de Reims a choisi l'emplacement nécessaire pour réunir et offrir aux yeux de Sa Majesté les produits de l'industrie, des fabriques, et du sol du département de la Marne. Il était impossible de trouver un emplacement plus convenable pour cet objet. En effet, ce Boulingrin étant tracé sur un ovale régulier, on a pris les deux parties semi-circulaires pour y construire vingt-six portiques destinés à recevoir les produits du département.

La partie antérieure de l'ovale sert d'entrée à ce superbe Bazar, qui présente à l'extrémité opposée un pavillon également semi-circulaire, composé d'un milieu, soutenu par quatre colonnes d'ordre corinthien ; dans le milieu de ce pavillon est placé le portrait du Roi, revêtu du manteau royal. Le cartouche du fronton porte les armes de la ville ; il est soutenu par deux figures représentant l'*Agriculture* et la *Navigation*. Dans la table du fronton se trouve gravée cette inscription :

A CHARLES X,

LA VILLE DE REIMS.

Dans chacun des portiques, élégamment décorés, pavoisés de drapeaux, ornés des chiffres du Roi, sont exposés les divers produits du département ; et chaque portique représente le nom du fabricant ou du manufacturier. Des orchestres, des jeux forains sont disposés dans la magnifique allée qui conduit à la Patte-d'Oie. Elle sera éclairée par des guirlandes et des ifs, ainsi que les autres parties de la promenade.

COUPLETS

ADRESSÉS

A CHARLES X LE BIEN-AIMÉ,

pendant le Banquet du Sacre,

au nom de la Garde nationale, des Habitans et du Collége royal de Reims.

PREMIÈRE CANTATE.

Durant la pompe solennelle
Qui vient de briller à nos yeux,
Pour toi, Charles, un peuple fidèle
En silence invoquait les cieux ;
Du temple la majesté sainte
Arrêtait nos élans d'amour ;
Mais permets-nous, dans cette enceinte, (bis)
De chanter notre plus beau jour.

Tu n'as pas perdu la mémoire
De ces murs choisis par nos rois ;
Tu nous as rendu notre gloire,
Tu nous as rendu tous nos droits.
Les meilleurs de ta noble race
A nos autels furent sacrés ;
Ton nom devait trouver sa place (bis).
Après tous ces noms adorés.

Chacun, dans l'ardente allégresse
Qu'inspire ton aspect chéri,
Pour mieux te contempler, s'empresse
Comme on faisait autour d'Henri ;
Promets-nous encore un voyage
Au sein de ces murs triomphans ;
Et si nous t'aimons sans partage, (bis)
Partage-toi pour tes enfans.

Et nous qui gardons ta personne,
Citoyens plutôt que guerriers,
Pour les champs lointains de Bellone
Nous ne quittons point nos foyers ;
Nous sourions quand on nous parle
De cette gloire des combats ;
Mais s'il fallait mourir pour Charle, (bis)
Demain nous serions tous soldats.

______

DEUXIÈME CANTATE.

*Requête adressée au Roi, au nom des habitans de la
ville de Reims.*

Du bienfait de votre présence,
Grand Roi, nous voulons profiter,
Et nous usons de prévoyance,
Afin de vous moins regretter ;
Agréez donc une requête
Qui, je crois, n'a rien d'indiscret

Nous vous voyons , c'est notre fête , (*bis*)
Accordez-nous votre portrait.

Dans ses murs l'heureuse Lutèce
Vous verra bientôt de retour ;
Bientôt, de nos jours d'allégresse ,
Nous aurons vu le dernier jour ;
D'un Roi que notre cœur adore,
L'image nous consolerait ;
Et nous croirions vous voir encore , (*bis*)
Si nous avions votre portrait.

A notre jeunesse docile
Quand nous dirons : Avez-vous vu
Ce Roi dont la grâce facile
N'est jamais prise au dépourvu ?
Qui trouve des mots qu'Henri-Quatre ,
En souriant, applaudirait ?
Qui, comme lui, saurait se battre.... ?
Nous montrerons votre portrait.

Pour leur dépeindre un Prince aimable ,
Et d'une antique loyauté,
Bienfaisant, généreux, affable,
Brillant de grâce et de bonté ,
Qui de la véritable gloire
Sans peine a trouvé le secret....
Au lieu de chercher dans l'histoire ,
Nous dirons : Voilà son portrait.

LE SACRE,

ODE,

Par M. FLEURY, *Secrétaire de la Sous-Préfecture.*

Ma seule volonté règne toute-puissante ;
Moi seul, dit l'Eternel, je suis Roi : dans mes mains,
De ces trônes fameux l'argile obéissante
Ou se forme, ou se brise, au gré de mes desseins.
    De la splendeur qui m'environne,
    La majesté de la couronne
    N'est rien qu'un reflet glorieux.
    Ainsi, du soleil près d'éclore,
    Les feux de la brillante aurore
    Ne sont que l'éclat moins pompeux.

Les autels sont parés : l'encens et la prière
S'élèvent dans les cieux, et les sacrés parvis
Ont répété ces mots, dont le puissant mystère
Fit un sceptre chrétien du glaive de Clovis.
    Ouvrez-vous, basilique sainte,
    Voici venir dans votre enceinte
    L'élu de Dieu, le fils des Rois.
    Le ciel s'abaisse, et Dieu lui-même

Orne son front du diadême
Qu'illustrent le lis et la croix.

Confié par les cieux à la foi de nos pères,
Il fait ta gloire encor ce don miraculeux,
O Rheims, ce don sacré, qu'aux jours de nos misères,
L'ange de l'avenir conservait à tes vœux.

Perçant la voûte harmonieuse,
La colombe mystérieuse
Plane, invisible, sur l'autel.
Sur cette tête consacrée
Descend une flamme éthérée :
C'est d'un Dieu le souffle immortel.

La vertu du Très-Haut sur lui s'est répandue ;
Charles de l'Esprit-Saint reçoit les dons parfaits :
France, Charles est ton Roi ; sa main s'est étendue
Pour protéger son peuple et verser des bienfaits.

A la clarté du sanctuaire,
On a vu flotter la bannière
De l'héroïne d'Orléans ;
Du sein de la gloire divine,
Le martyr de la Palestine
Paraît, et bénit ses enfans.

Successeur vénéré de l'apôtre de France,
Un auguste pontife, aux pieds du Dieu vivant,
Du trône et de l'autel consacrant l'alliance,
A déposé nos vœux et le royal serment.

La joie, en sublimes cantiques,
Éclate sous les saints portiques :
Le ciel à la terre est uni ;
Ces chants, ces pompes triomphales,
Raniment des cendres royales
Les froids tombeaux ont tressailli

Du trône trois fois saint, une voix solennelle,
Laisse tomber ces mots : « Des Rois selon mon cœur,
» Peuple, quand je te rends cette race immortelle,
» Pour toi j'amasse encor des trésors de bonheur
　　　» Dissipant de sanglans nuages,
　　　» Un jour pur succède aux orages ;
　　　» Mes foudres vengeurs se sont tus ;
　　　» Sous tes pas j'ai comblé l'abîme,
　　　» Je t'ai fait ce Roi magnanime,
　　　» Et les Bourbons et leurs vertus. »

Proclamant de l'enfer les dernières défaites,
Et ce héros, l'amour, l'orgueil de ses soldats,
Parmi les chants pieux, parmi le bruit des fêtes,
L'airain sacré s'unit à l'airain des combats.
　　　Guides brillans de la victoire,
　　　Nos drapeaux, si riches de gloire,
　　　S'entourent d'illustres guerriers ;
　　　A l'éclat des pompes divines,
　　　Cadix, Tolbiac et Bouvines
　　　Mêlent l'éclat de leurs lauriers

Tel qu'un Dieu présidant aux destins de la terre,
Charles s'assied au trône où brillaient ses aïeux ;
La France est à ses pieds : son sceptre tutélaire
S'incline, de son peuple il appelle les vœux.

   A flots bruyans, ce peuple immense
   Vers son Roi se presse et s'élance ;
   Il contemple ces traits chéris.
   Vive le Roi ! que sa puissance
   Veille à jamais sur notre France !
   Vive le Roi ! vivent les lis !

SÉRIE

Des Actes composant la Cérémonie des Ordres du Roi, qui doit avoir lieu à Reims le lendemain du sacre de sa Majesté CHARLES X.

PREMIER ACTE.

Réception des Chevaliers non reçus dans l'Ordre de Saint-Michel.

Cette réception précédera la cérémonie des Ordres dans la cathédrale.

Son Altesse Royale Monsieur le Dauphin recevra MM. les Chevaliers.

Cette réception sera faite ainsi qu'il suit :

Monseigneur le Duc d'Orléans, Monseigneur le Duc de Bourbon, les deux anciens Chevaliers, les quatre Commandeurs grands Officiers, le Héraut Roi d'armes, et l'Huissier des Ordres du Roi, se réuniront dans les appartemens de son Altesse royale Monsieur le Dauphin, revêtus du costume prescrit, ainsi que de leurs insignes, à l'heure qui leur sera indiquée par le Commandeur Grand-Prévôt, Maître des cérémonies.

Les Chevaliers non reçus, également avertis par ce grand Officier, se rassembleront à la même heure, dans la grande salle qui précède les appartemens du Roi, et revêtus du même costume complet, *mais sans aucun insigne quelconque, autre que la croix brodée en paillettes d'argent, qu'ils doivent conserver sur le côté gauche de l'habit par devant, et sur le côté gauche du manteau par derrière.*

Son Altesse royale Monsieur le Dauphin, revêtue du costume et de tous ses insignes, précédée des Princes, des deux anciens Chevaliers (1) et des grands et petits Officiers des Ordres, se rendra dans la grande salle indiquée ci-dessus.

Elle se placera dans un fauteuil en avant du dais du Roi, entourée des Princes du sang, des deux anciens Chevaliers et des grands Officiers.

Les Chevaliers récipiendaires formeront devant son Altesse royale un cercle à quelque distance d'elle.

Le Héraut Roi d'armes fera l'appel des récipiendaires, *six par six*, suivant le rang prescrit par Sa Majesté.

Les six récipiendaires appelés se mettront à genoux devant Monsieur le Dauphin, et sur une même ligne.

Monsieur le Dauphin se levera, ôtera son chapeau, puis le remettra ; il tirera son épée, en frappera successivement les deux épaules de chaque récipiendaire, en prononçant ces paroles : *Au nom du Roi, de par saint George et saint Michel, je vous fais Chevalier,* et donnera l'accolade à chaque Chevalier, qui, se relevant, lui fera une profonde révérence, et se retirera.

Tous les autres récipiendaires suivront, six par six, la marche des premiers.

DEUXIÈME ACTE.

La réception dans l'Ordre de Saint-Michel terminée, son Altesse royale Monsieur le Dauphin, précédée des Princes du sang, de tous les Chevaliers et des grands et petits Officiers, se rendra processionnellement dans le cabinet du Roi, pour y attendre Sa Majesté et l'accompagner à la cathédrale.

----

(1) MM. les Ducs de la Vauguyon et de la Rochefoucauld Liancourt.

TROISIÈME ACTE.

Le Commandeur Grand-Prévôt, Maître des cérémonies, prend les ordres du Roi pour la marche de l'Ordre à la cathédrale; sur son ordre, il fait ouvrir la porte du cabinet de Sa Majesté par l'Huissier de l'Ordre, et ordonne au Héraut de faire l'appel des membres de l'Ordre.

QUATRIÈME ACTE.

Les Chevaliers viendront se ranger sur deux colonnes, suivant l'ordre que l'appel leur indiquera.

CINQUIÈME ACTE.

Marche processionnelle de l'Ordre à la cathédrale.

Cette marche s'opérera ainsi:

L'Huissier des Ordres seul en avant;

Le Héraut seul derrière;

Le Grand-Prévôt, Maître des cérémonies, ayant à sa droite le Commandeur Grand-Trésorier, et à sa gauche le Commandeur Secrétaire des Ordres.

Le Chancelier seul, derrière ces derniers.

(Suivent les deux colonnes de Chevaliers.)

COLONNE A DROITE.	COLONNE A GAUCHE.
MM.	MM.
Duc DE DAMAS-CRUX.	Marquis DE TALARUE.
Vicomte DE CHATEAUBRIANT	Duc DE DOUDEAUVILLE.
Duc DE SAN-CARLOS	Comte DE VILLÈLE.
Prince duc DE CHALAIS.	Maréchal marquis DE LAURISTON.
Prince DE CASTEL-CICALA.	Comte CHARLES DE DAMAS.
Vicomte LAISNÉ.	Baron PASQUIER.
Marquis DE CARAMAN.	Duc DE BLACAS D'AULPS.

Marquis Dessolle.   Marquis de Rivière.
Maréchal marquis de Vio-   Marquis de Latour-Mau-
   Ménil.   bourg.
Duc d'Avaray.   Duc de Cazes.
Maréchal duc de Raguse.   Maréchal duc d'Alburéra.
Maréchal duc de Tarente.   Maréchal duc de Reggio.
Maréchal duc de Coné-   Maréchal duc de Bellune.
   gliano.
Duc de Lévis.   Duc de Dalberg.
Duc de Duras.   Prince de Poix.
Duc d'Aumont.   Duc de Laval - Montmo-
                         rency.
Duc de Luxembourg.   Duc de Grammont.
Prince de Hohenlohe.   Prince de Talleyrand.
Duc de la Vauguyon.   Duc de la Rochefoucauld.

    Monseigneur le Duc de Bourbon seul.
    Monseigneur le Duc d'Orléans seul.
    Monsieur le Dauphin seul.
    LE ROI

accompagné de tous les grands Officiers de sa maison,
et de MM. les Commandeurs ecclésiastiques ; savoir :
    Monseigneur le Cardinal Duc de la Fare.
    Monseigneur le Cardinal Prince de Croy.
    Mgr. le Cardinal Duc de Clermont-Tonnerre.
    Monseigneur l'Archevêque de Bordeaux.
    Monsieur l'Abbé Duc de Montesquiou.
    Monseigneur l'Archevêque de Reims.

SIXIÈME ACTE.

En entrant dans le chœur, les Membres de l'Ordre
se découvriront, au fur et à mesure qu'ils y arriveront,
et les deux colonnes de Chevaliers se déploieront a
droite et à gauche du trône, et s'avanceront jusqu'aux
marches du sanctuaire, les grands et petits Officiers
devant elles ; ces deux colonnes auront soin de laisser
entre elles le plus d'espace possible.

SEPTIÈME ACTE.

Les grands Officiers, le Héraut et l'Huissier, font, les premiers, et dans l'ordre où ils sont, une révérence à l'autel, et, se retournant aussitôt, vont se ranger de suite à leurs siéges, placés en avant du trône du chœur ; ils resteront debout jusqu'à ce que le Roi soit assis sur le trône,

HUITIÈME ACTE.

Les premiers Chevaliers de chaque colonne, qui suivent immédiatement les grands Officiers, font (chacun dans la place où il se trouve) une révérence à l'autel ; et se séparant ensuite, le premier de la colonne droite tourne à droite pour aller prendre sa place dans la première stalle à droite du côté de l'autel, et le premier de la colonne gauche, tournant à gauche, va prendre sa place dans la première stalle à gauche du côté de l'autel (1).

Tous les autres Chevaliers, dans chaque colonne, font successivement la même manœuvre jusqu'aux derniers, qui se trouvent en avant et les plus près des Princes du sang.

Tous les Chevaliers resteront debout et découverts, chacun devant sa stalle, jusqu'à ce que le Roi soit assis sur son trône.

NEUVIÈME ACTE.

Lorsque les deux Princes du sang seront arrivés

---

(1) Il faut remarquer que, dans cette forme, les derniers en rang dans la marche processionnelle des appartemens du Roi à la cathédrale doivent se trouver successivement les premiers placés dans les stalles du côté de l'autel, et qu'à mesure qu'ils y arrivent, ils passent les uns devant les autres, pour aller aux stalles vacantes qui suivent.

De cette maniere, les Chevaliers conserveront entre eux de droite et de gauche, le même rang suivant l'appel. Ceux qui se trouveront dans les stalles du côté de l'entrée du chœur, seront le plus près du Prince et du Roi, comme dans la marche.

auprès du trône, Monseigneur le Duc de Bourbon passera à la droite du trône, en suivant la colonne droite des Chevaliers, et Monseigneur le Duc d'Orléans passera à la gauche, en suivant la colonne gauche.

Son Altesse Royale Monsieur le Dauphin passera également à la droite du trône.

Monseigneur le Duc de Bourbon s'arrêtera lorsqu'il se trouvera à la hauteur du devant des marches du trône, et fera sa révérence à l'autel; puis, tournant sur sa droite, il montera aux hautes stalles, et se placera à la stalle à côté de celle de Son Altesse Royale Monsieur le Dauphin.

Son Altesse Royale Monsieur le DAUPHIN fera également une révérence à l'autel, et, tournant sur sa droite, ira se placer dans la première stalle.

Monsieur le Duc d'Orléans, qui aura passé à la gauche du trône, s'arrêtera de même à la hauteur du devant des marches du trône et de l'entrée des hautes stalles de gauche, et, après avoir fait aussi une révérence à l'autel, montera par cette entrée à la première stalle, où il se placera le premier de la colonne gauche des Chevaliers (1).

DIXIÈME ACTE.

Le Roi, entouré de ses grands Officiers, s'avancera au milieu du chœur, près des marches du sanctuaire, où il fera une révérence à l'autel, puis, en se retournant, ira monter sur son trône, précédé du Commandeur Grand-Prévôt, Maître des cérémonies, du Héraut et de l'Huissier.

---

(1) Le trône de l'entrée du chœur sera placé de manière que vis-à-vis, ou à peu près, des marches en devant de l'estrade, il se trouvera de chaque côté une entrée aux stalles que les Princes de la Famille royale doivent occuper.

ONZIÈME ACTE.

Commencement de la Cérémonie.

Lorsque le Roi est assis sur son trône et couvert, que les Membres de l'Ordre sont rangés dans leurs stalles, à droite et à gauche, et couverts, tous les grands et petits Officiers quittent leurs places au bas du trône, et s'avancent dans leur ordre ordinaire, au pied du sanctuaire, où ils font les révérences suivantes : (1)

1º Une à l'autel ;

2º Une au Roi, sur le trône du chœur ;

3º Une au Clergé, dans le sanctuaire ;

4º Une à Monsieur le Dauphin, dans sa stalle, côté droit du chœur ;

5º Une à Madame la Dauphine, dans sa tribune, côté de l'Épître, et aux Princesses de la Famille royale, dans sa tribune ;

6º Une à Monseigneur le Duc d'Orléans, dans sa stalle, côté gauche du chœur ;

7º Une à Monseigneur le Duc de Bourbon, dans sa stalle, côté droit du chœur ;

8º Une à Messieurs les Ambassadeurs, tribune côté de l'Évangile ;

9º Une aux Commandeurs ecclésiastiques, dans le sanctuaire ;

10º Une aux Chevaliers de la droite ;

11º Une aux Chevaliers de la gauche.

Ces révérences finies, les grands Officiers retournent à leurs premières places, au bas du trône du chœur.

DOUZIÈME ACTE.

Le Commandeur Grand-Prévôt, Maître des cérémonies, se lève aussitôt de sa place, ainsi que le Hé-

---

(1) Ces révérences se font sans se découvrir, la toque étant regardée comme d'uniforme.

iaut et l'Huissier, et, précédé de ces derniers, va seul au milieu du chœur, près des marches du Sanctuaire, où il fait une révérence à l'autel, puis, se retournant, s'avance vers le trône ; le Héraut et l'Huissier s'écartent pour laisser le Grand-Maître des cérémonies se placer près de la première marche du trône, d'où, après un salut au Roi, il monte près de Sa Majesté recevoir ses ordres pour commencer les Vêpres, et les aller de suite porter à l'Archevêque, près de l'autel.

Le Grand-Prévôt, Maître des cérémonies, le Héraut et l'Huissier, reviennent ensuite se remettre à leurs places pendant les Vêpres.

TREIZIÈME ACTE.

On chante les Vêpres.

QUATORZIÈME ACTE.

Les Vêpres terminées, les quatre grands Officiers, précédés du Héraut et de l'Huissier, quittent leurs places et s'avancent, dans leur ordre ordinaire, près des marches du sanctuaire, où ils font *deux* révérences : une à l'autel, et, en se retournant, une autre au Roi. De là, ils marchent au trône du sanctuaire, où ils se placent, selon leur rang, autour du fauteuil que le Roi doit occuper.

QUINZIÈME ACTE.

Marches et révérences des Princes et des Chevaliers anciens au trône du sanctuaire.

Le Grand-Prévôt, Maître des cérémonies, précédé du Héraut et de l'Huissier, va au bas de la stalle du chœur où est placé Monsieur le Dauphin, et l'invite, par une révérence, à en descendre.

Le grand Officier, le Héraut et l'Huissier, le conduisent au milieu du chœur, où Son Altesse Royale fait les révérences suivantes

1º Une a l'autel ;

2º Une au Roi , sur le trône du chœur ;

3º Une au Clergé ;

4º Une à Madame la Dauphine, et aux Princesses de la Famille Royale, dans sa tribune ;

5º Une à Monseigneur le Duc d'Orléans ;

6º Une à Monseigneur le Duc de Bourbon ;

7º Une aux Ambassadeurs ;

8º Une aux Commandeurs ecclésiastiques ;

9º Une aux Chevaliers de droite ;

10º Une aux Chevaliers de gauche.

Après ces révérences , Son Altesse royale Monsieur le Dauphin est conduite de la même manière au trône du sanctuaire , et se place sur le côté droit du trône, au bas et contre la marche de l'estrade.

Monseigneur le Duc d'Orléans et Monseigneur le Duc de Bourbon descendent aussi de leurs stalles, répètent l'un après l'autre les mêmes révérences au milieu du chœur, et vont successivement se placer à côté de Son Altesse royale Monsieur le Dauphin.

Messieurs les Ducs de la Vauguyon et de la Roche-foucauld suivent en tout la même marche , mais ensemble.

SEIZIÈME ACTE.

Le Grand-Prévôt , Maître des cérémonies , précédé du Héraut et de l'Huissier (lorsque Son Altesse royale Monsieur le Dauphin, les deux Princes du sang et les deux anciens Chevaliers sont placés ainsi au bas du trône du sanctuaire) , va chercher le Roi au trône du chœur , et le conduit auprès des marches du sanctuaire.

DIX-SEPTIÈME ACTE.

Révérences du Roi.

Le Roi , au milieu du chœur et près des marches du sanctuaire , fait les révérences suivantes , accompagné du Grand-Maître des cérémonies et des deux Officiers des Ordres :

1º Une à l'autel ;

2º Une au Clergé, dans le sanctuaire, côté de l'Epître ;

3º Une à Monsieur le Dauphin, près du trône du sanctuaire ;

4º Une à Madame la Dauphine et aux Princesses du sang, dans sa tribune ;

5º Une aux Princes du sang et aux anciens Chevaliers, près du trône du sanctuaire ;

6º Une aux Ambassadeurs ;

7º Une aux Commandeurs ecclésiastiques ;

8º Une aux Chevaliers de droite ;

9º Une aux Chevaliers de gauche.

Puis Sa Majesté monte au sanctuaire, et va se placer sur son trône, après avoir fait une révérence en passant devant l'autel.

DIX-HUITIÈME ACTE.

Signature du serment de l'Ordre par le Roi.

On apporte sur l'estrade du trône et devant le Roi un fauteuil tourné du côté de Sa Majesté.

Le Prélat qui a sacré Sa Majesté, revêtu de ses habits pontificaux, monte au trône et s'assied dans ce fauteuil.

On place devant le Roi *une table décorée des attributs de l'ordre.*

Le Commandeur Secrétaire des Ordres présente au Roi le serment écrit et la plume.

Le Roi signe le serment.

Le Commandeur Secrétaire reprend le serment et la plume.

L'Archevêque se lève, et, après une révérence au Roi sur l'estrade et une au bas, il retourne à la sacristie se dévêtir de ses habits pontificaux.

DIX-NEUVIÈME ACTE.

Hommage au Roi par les anciens Chevaliers, les grands et petits Officiers des Ordres.

Le Grand-Prévôt, Maître des cérémonies, après avoir pris les ordres du Roi, descend du trône et va avertir Son Altesse Royale Monsieur le Dauphin, au bas du trône, de venir rendre hommage au Roi.

Son Altesse Royale quitte aussitôt sa place, et s'avance en face du trône : là, elle fait une première révérence à l'autel, une seconde au Roi ; monte sur l'estrade, où elle fait encore une révérence au Roi ; va se mettre à genoux sur un coussin placé aux pieds de Sa Majesté, et lui baise la main : elle se relève, fait une révérence au Roi, redescend de l'estrade, fait au bas une autre révérence au Roi, une autre à l'autel, et revient se placer où elle était, c'est-à-dire, en tête de la colonne des cinq Chevaliers anciens reçus.

Monseigneur le Duc d'Orléans et Monseigneur le Duc de Bourbon exécutent ensuite, l'un après l'autre, les mêmes formalités, ainsi que Messieurs les Ducs de la Vauguyon et de la Rochefoucauld, les derniers.

Cet acte se termine par l'hommage des quatre grands Officiers, du Héraut et de l'Huissier ; il a lieu selon le rang qu'occupe chacun de ces Officiers.

VINGTIÈME ACTE.

Quand Son Altesse Royale Monsieur le Dauphin, Monseigneur le Duc d'Orléans, Monseigneur le Duc de Bourbon et Messieurs les Ducs de la Vauguyon et de la Rochefoucauld sont tous revenus à leurs places, et sur la même ligne, au bas du trône, ils retournent à leurs stalles respectives, à droite et à gauche du chœur.

Monsieur le Dauphin sera reconduit à son retour avec les mêmes formalités qu'il a été amené, ainsi que Monseigneur le Duc d'Orléans et Monseigneur le duc de Bourbon, chacun séparément; les deux anciens Chevaliers suivront Monseigneur le Duc de Bourbon.

Ils ne feront tous qu'une révérence à l'autel et une au Roi, en s'en allant à leurs places dans le chœur.

Le Grand-Prévôt, Maître des cérémonies, dirige leur marche, précédé du Héraut et de l'Huissier.

VINGT-UNIÈME ACTE.

Commencement des réceptions des Commandeurs ecclésiastiques et des Chevaliers.

Dès que les trois Princes et les deux anciens Chevaliers seront rendus à leurs stalles, Monseigneur l'Archevêque de Reims entonnera le *Veni Creator*.

Pendant le chant de cette hymne, tous les Chevaliers récipiendaires (*à l'exception toutefois de M. le Prince de Castel-Cicala et de M. le duc de San Carlos* *, qui resteront tous deux dans les stalles), descendront de chaque côté, en même temps, dans le chœur, et, en marchant immédiatement à la suite les uns des autres selon leur rang, ils viendront former dans le chœur deux colonnes qui s'avanceront, l'une à droite, l'autre à gauche, le long des basses stalles, jusqu'au sanctuaire, où elles s'arrêteront et se tourneront en face l'une de l'autre : elles resteront stationnaires dans cette position.

Ce mouvement général s'opérera par le bout ou l'extrémité des hautes stalles, du côté de l'entrée du chœur et du trône, et par la sortie du premier Chevalier récipiendaire, placé le plus près de cette entrée et du trône.

---

* Ces deux Chevaliers étant changés et devant prêter un serment différent de celui des Chevaliers régnicoles, resteront dans leur stalle jusqu'au moment où le Héraut roi d'armes les appellera.

« Un des Officiers des Ordres du Roi dirigera ce mouvement.

Dans le même moment, les Commandeurs ecclésiastiques récipiendaires s'avanceront de leur côté, de front, dans le sanctuaire, et se placeront en face du Roi, dans la même direction et à la même hauteur que la colonne droite des Chevaliers : ils resteront stationnaires dans cette position.

L'huissier des Ordres les dirigera.

VINGT-DEUXIÈME ACTE.

Réception des Commandeurs ecclésiastiques.

Le chant du *Veni Creator* terminé, le Commandeur Grand-Prévôt. Maître des cérémonies, après avoir pris les ordres du Roi, enverra le Héraut d'armes avertir les récipiendaires ecclésiastiques de venir au trône, et cet officier les amènera de suite (en faisant les révérences accoutumées) au bas de l'estrade du trône.

Là ces répiendaires se rangeront sur une même ligne, en face du Roi ; le Commandeur Chancelier des Ordres s'avancera sur le devant de l'estrade ; il lira à haute voix la formule du *serment des Commandeurs ecclésiastiques*, et retournera à sa place, près le Roi.

Les récipiendaires ne répondront rien dans ce moment, mais de suite monteront sur l'estrade, feront une révérence au Roi, et s'agenouilleront sur des carreaux placés aux genoux de Sa Majesté.

Le Chancelier des Ordres prendra le livre des Evangiles, et le tiendra ouvert sur les genoux du Roi ; les récipiendaires poseront chacun leur main droite sur le livre, et prononceront : *Je le jure.*

Le serment prêté, le Roi revêtira chaque récipiendaire ecclésiastique, savoir...

Ceux qui sont cardinaux et *en grand costume de*

(65)

leur dignité, du *cordon bleu*, arrangé en sautoir, avec la *croix d'or* de l'Ordre suspendue à la pointe, et leur remettra un *Livre d'heures* et *le Dixain.*

Ceux qui sont Archevêques, ou Evêques, ou Prélats, sans dignité ecclésiastique, d'abord du *manteau* ou *camail,* ayant sur le côté gauche la croix de l'Ordre brodée en paillettes d'argent, ensuite du *cordon bleu,* ajusté comme celui des Cardinaux, et leur remettra également un *Livre d'heures* et *le Dixain.*

Ces insignes reçus, les Commandeurs ecclésiastiques rendront *leur hommage au Chef et Souverain Grand-Maître des Ordres du Saint-Esprit et de Saint-Michel*, en baisant chacun la main du Roi.

Ils se relèveront ensuite, feront une révérence à Sa Majesté, descendront du trône, et passeront à une table préparée à côté, pour signer leur serment.

Cette signature faite, le Héraut reconduira les Commandeurs ecclésiastiques reçus à leurs places, côté de l'Epître ; ils observeront les mêmes révérences en s'en retournant qu'en allant.

Des commandeurs ecclésiastiques à leur places ; le Héraut reviendra sur-le-champ se placer au bas des marches du sanctuaire, entre les deux colonnes des Chevaliers à recevoir. Il y restera jusqu'à ce que le Chancelier des Ordres ait accompli la formalité dont il va être question dans l'acte qui suit.

Fonctions des Commandeurs, grands Officiers aux réceptions.

Le *Chancelier* lira à haute voix les sermens, et tiendra le livre des Evangiles ouvert sur les génoux du Roi, pendant que le récipiendaire prêtera son serment.

Le *Commandeur-Grand-Prévôt, Maître des cérémonies*, présente au Roi les manteaux des Chevaliers et les camails ou mantelets des Commandeurs ecclésiastiques, et aide Sa Majesté à les en revêtir.

Le Commandeur Grand-Trésorier présente au Roi les cordons bleus, avec les croix d'or, les croix brodées en argent, pour mettre sur l'habit et le manteau, ainsi que les colliers des Ordres, et aide Sa Majesté à en revêtir les récipiendaires.

Le Commandeur-Secrétaire remet entre les mains du récipiendaire son serment écrit, présente au Roi le Livre d'heures et le Dixain, et fait signer le serment au récipiendaire.

VINGT-TROISIÈME ACTE.

Réception des Chevaliers non reçus.

Pendant que les Commandeurs ecclésiastiques retournent à leurs places, le Commandeur Chancelier des Ordres, après avoir pris le consentement du Roi, descendra du trône, accompagné de l'Huissier des Ordres ; il s'avancera sur les marches du sanctuaire.

Là ce grand officier annoncera à tous les Chevaliers récipiendaires qu'il va leur donner connaissance de la *teneur du serment* que chacun d'eux va prêter entre les mains du Roi, et il lira à haute et intelligible voix la *formule du serment des Chevaliers*.

Tous les récipiendaires entendront cette lecture découverts ; mais aucun ne levera la main et ne prononcera rien dans ce moment.

Dès que le Commandeur Chancelier des Ordres aura fini cette lecture, il retournera prendre sa place au trône, ainsi que l'Huissier des Ordres.

Pendant ce retour du Chancelier, le Héraut, qui est resté dans le chœur, entre les colonnes des Chevaliers, appellera de suite les deux premiers récipiendaires de chacune d'elles qui sont inscrits sur sa liste.

Les deux Chevaliers de chaque côté sortiront aussitôt en même temps de leur colonne.

Les deux de la colonne droite et les deux de la colonne gauche marcheront sur deux lignes, en conservant leur rang dans chaque ligne.

(67)

Le Héraut les conduira dans le milieu du sanctuaire, où ils feront tous ensemble une première révérence à l'autel ; en se retournant, une seconde au Roi, et le Héraut les dirigera vers le trône.

Arrivés près de l'estrade, ils se rangeront de front, feront une autre révérence au Roi, monteront de suite sur l'estrade, où ils feront encore une autre révérence à Sa Majesté, et se mettront à genoux sur des carreaux placés à ses pieds.

Alors le Commandeur Chancelier des Ordres prendra le livre des Évangiles et le tiendra ouvert sur les genoux du Roi ; les quatre Chevaliers récipiendaires poseront la main droite sur le livre et prononceront ces mots : *Je le jure.*

Ensuite les quatre grands Officiers, aidés de l'Huissier et du Héraut, détacheront d'abord par devant le manteau de chaque Chevalier, et l'abaisseront par derrière.

Le Roi passera sur les habits, de droite à gauche, en forme de bandoulière, les cordons bleus avec la croix d'or suspendue au bas.

Le Roi portera la main aux manteaux, et les grands Officiers aideront Sa Majesté à les relever sur les épaules des récipiendaires.

Sa Majesté placera les colliers sur les manteaux, et enfin remettra à chaque Chevalier un Livre d'heures et un Dixain.

Ces formalités remplies, les quatre Chevaliers reçus rendront l'hommage au Chef et Souverain Grand-Maitre des Ordres du Saint-Esprit et de Saint-Michel, en baisant la main du Roi.

Ils se releveront, feront ensemble une profonde révérence à Sa Majesté, descendront du trône, et passeront à une table préparée à côté, pour signer le serment qu'ils viennent de prêter.

Leurs signatures faites, ces quatre Chevaliers seront reconduits par le Héraut jusqu'au bas des marches du sanctuaire, ou, après une révérence à l'autel et une au Roi, ils se sépareront, et les deux Chevaliers de la droite iront reprendre les places qu'ils occupaient dans les hautes stalles, du côté droit du chœur, et les deux Chevaliers de la gauche, celles dans les hautes stalles du côté gauche.

Pendant que ces quatre premiers Chevaliers reçus se rendront dans les stalles, le Héraut fera l'appel des quatre autres qui suivront dans l'ordre de sa liste.

Ces quatre derniers, ainsi que le Héraut, suivront la même marche et observeront les mêmes formalités que les premiers, et tous les autres successivement, quatre par quatre, jusqu'à la fin.

Quand les réceptions des Chevaliers français seront terminées, un Officier des Ordres ira inviter M. le Prince de Castel-Cicala, et M. le duc de San-Carlos, dans leurs stalles, à en descendre; et, après avoir observé les mêmes révérences que les précédens, les amènera ensemble aux pieds du Roi, pour prêter leur serment particulier, et recevoir des mains de Sa Majesté les insignes des Ordres. Après la signature de leur serment, ils seront reconduits aux places qu'ils occupaient dans le chœur.

Par ce mode, tous les Chevaliers se trouveront, après leur réception, aux mêmes rangs où ils étaient en venant des appartemens du Roi à la cathédrale.

Nota. Les armoiries de chaque Chevalier, qui seront placées, selon le rang, au-dessus de chacune des stalles, faciliteront ces divers mouvemens, en indiquant et le côté et la place où le Chevalier devra se rendre.

VINGT-QUATRIÈME ACTE.

Lorsque toutes les réceptions des Commandeurs ecclésiastiques et des Chevaliers sont terminées, et que tous sont à leurs places, les quatre grands Officiers descendent du trône où est le Roi, et, se rangeant suivant leur rang, sur une seule ligne, au bas du trône, ils font ensemble une révérence à Sa Majesté.

Ils s'avancent ensuite devant l'autel, auquel ils font une révérence : et, en se tournant du côté du trône, ils font encore une seconde révérence au Roi.

De là ils descendent les marches du sanctuaire et vont se remettre au bas *du trône du chœur*, aux places qu'ils occupaient en commençant la cérémonie.

Il faut observer ici que le Grand-Prévôt, Maître des cérémonies, le Héraut et l'Huissier, doivent quitter les trois autres grands Officiers, au moment où ces derniers vont descendre les marches du sanctuaire, et rester debout, au milieu du sanctuaire, près de l'autel, jusqu'à ce que ces mêmes grands Officiers soient arrivés à leurs places devant le trône du chœur.

VINGT-CINQUIÈME ACTE.

Lorsque les trois grands Officiers sont à leurs places, le Grand-Prévôt, Maître des cérémonies, précédé du Héraut et de l'Huissier, après avoir fait une révérence à l'autel, marche vers le trône du sanctuaire ; l'Huissier et le Héraut s'écartent au bas de l'estrade à droite et à gauche, et le Grand-Maître des cérémonies s'avance au milieu, fait la révérence au Roi, monte au trône, et l'invite à le quitter, pour aller s'asseoir sur son premier trône, pour entendre les Complies.

VINGT-SIXIÈME ACTE.

Le Roi descend du trône du sanctuaire, précédé du Grand-Prévôt, Maître des cérémonies, du Héraut et de l'Huissier, et accompagné seulement du même nombre de personnes qui le suivaient en allant à ce trône.

Arrivé au milieu du sanctuaire, il fait une révérence à l'autel, puis, se retournant sur sa droite, une autre au Clergé et aux Commandeurs ecclésiastiques, côté de l'Épître ; ensuite il s'avance vers les degrés du sanctuaire, et les descend.

Quand il est au bas de ces degrés, il fait les révérences suivantes :

1º Une à Son Altesse Royale Monsieur le Dauphin, dans sa stalle à droite ;

2º Une à Son Altesse Royale Madame la Dauphine et aux Princesses du sang dans sa tribune ;

3º Une à toute la ligne des Chevaliers de droite ;

4º Une à toute la ligne des Chevaliers de gauche ;

5º Une aux ambassadeurs dans leur tribune.

Après cette dernière révérence, le Roi va s'asseoir, sur son trône élevé à l'entrée du chœur.

Dès que Sa Majesté y est placée, le Grand-Prévôt, Maître des cérémonies, qui est resté au bas de l'estrade, ainsi que le Héraut et l'Huissier, monte incontinent au trône prendre ses ordres pour commencer les Complies.

L'ordre reçu, ce grand Officier redescend au bas de l'estrade, y fait une révérence au Roi, et va, précédé du Héraut et de l'Huissier, avertir dans le sanctuaire l'Archevêque par une inclination.

Ce grand Officier, ainsi que le Héraut et l'Huissier, reviennent ensuite prendre leurs places parmi les autres grands Officiers, au bas du trône du chœur.

VINGT-SEPTIÈME ACTE.

On chante les Complies.

Pendant cet office, le Roi et tous les Membres de l'Ordre restent assis et couverts.

VINGT-HUITIÈME ET DERNIER ACTE.

Les Complies finies, tous les Membres de l'Ordre reconduisent le Roi dans ses appartemens, de la même manière et avec le même appareil qu'il a été amené à la cathédrale.

Mais ce dernier de tous les actes de la cérémonie demande lui seul une explication du mode qu'il exige, pour éviter toute confusion et tout embarras dans son exécution.

Afin d'arriver à ce but, il sera nécessaire d'observer exactement ce qui suit :

1° Tous les Membres de l'Ordre resteront dans leurs stalles jusqu'à ce que les Hérauts de France, qui doivent ouvrir la marche du cortége général, se soient rendus à la grille d'entrée du chœur, et même plus avant en dehors (si cela est nécessaire), et que l'Huissier, le Héraut roi d'armes et les quatre grands Officiers des Ordres du Roi, soient également rendus à la même grille, en dedans, où ils doivent attendre.

2° Les Membres de l'Ordre ne sortiront jamais de leurs stalles qu'un à la fois de chaque côté.

3° Les deux derniers Membres de l'Ordre, qui sont en regard, l'un à droite, l'autre à gauche, dans les deux dernières stalles du côté de l'autel, commenceront à en descendre les premiers.

4° Ces deux Chevaliers viendront, chacun de son côté, se placer sur une même ligne au milieu du chœur, et à quelque distance l'un de l'autre.

5° Là, ils feront ensemble une révérence à l'autel, se retourneront du côté du trône du chœur, et feront une autre révérence au Roi.

6° Ils marcheront ensuite, chacun sur sa ligne de droite ou de gauche, vers la grille d'entrée du chœur, où ils se placeront immédiatement à la suite des grands Officiers.

7° Les deux Membres de droite et de gauche, qui sont dans les stalles après celles que les deux premiers viennent de quitter, en descendent de suite par le même bout, et font absolument la même chose que les deux Chevaliers qui les ont précédés ; et tous, tant de la ligne droite que de la ligne gauche, sans en excepter les Princes du sang, sortiront ainsi de la ligne de leurs stalles, en se suivant les uns les autres, et après avoir fait chacun les mêmes révérences, reformeront successivement les deux mêmes colonnes de l'Ordre comme en venant de l'appartement du Roi à la cathédrale.

8° Quand les deux derniers membres de chaque ligne de stalles ont pris leur rang dans chaque colonne, Monseigneur le Duc de Bourbon, Monseigneur le Duc d'Orléans et son Altesse royale Monsieur le Dauphin, après avoir fait successivement leurs révérences à l'autel et au Roi, viendront reprendre la même position où ils étaient dans la marche de l'Ordre, en venant à la cathédrale, c'est-à-dire en tête des deux colonnes des Chevaliers.

9° Les princes arrivés à leurs places, le Commandeur Grand-Prévôt, Maître des cérémonies, ira avertir le Roi, sur son trône, qu'il peut en descendre, et reprendre sa marche pour retourner à ses appartemens, et de suite retournera à sa place ordinaire, à l'extrémité des colonnes, pour mettre tout le cortège en mouvement.

10° Le Roi, descendu du trône, fera une révérence à l'autel, et, accompagné comme il l'était, en venant à la cathédrale, l'Ordre se mettra en marche.

11° MM. les Commandeurs ecclésiastiques quitteront leurs places dans le sanctuaire, quelques momens avant que le Roi descende de son trône, et viendront reprendre leurs places derrière Sa Majesté, lorsqu'elle s'en retournera.

12° Lorsque les deux colonnes seront arrivées à l'entrée du cabinet du Roi, elles se rangeront de droite et de gauche sur deux lignes, afin de laisser Sa Majesté passer entre elles et rentrer dans son intérieur.

13° Le Commandeur Grand-Prévôt, Maître des cérémonies, suivra le Roi, et, dans l'intérieur, demandera à Sa Majesté si elle n'a pas de nouveaux ordres à lui donner.

Toute la cérémonie de l'Ordre est ainsi terminée.

FIN.